# BEI GRIN MACHT SICH IHR WISSEN BEZAHLT

- Wir veröffentlichen Ihre Hausarbeit,
  Bachelor- und Masterarbeit

- Ihr eigenes eBook und Buch -
  weltweit in allen wichtigen Shops

- Verdienen Sie an jedem Verkauf

## Jetzt bei www.GRIN.com hochladen und kostenlos publizieren

GRIN

**Bibliografische Information der Deutschen Nationalbibliothek:**

Die Deutsche Bibliothek verzeichnet diese Publikation in der Deutschen National-bibliografie; detaillierte bibliografische Daten sind im Internet über http://dnb.d-nb.de/ abrufbar.

Dieses Werk sowie alle darin enthaltenen einzelnen Beiträge und Abbildungen sind urheberrechtlich geschützt. Jede Verwertung, die nicht ausdrücklich vom Urheberrechtsschutz zugelassen ist, bedarf der vorherigen Zustimmung des Verla-ges. Das gilt insbesondere für Vervielfältigungen, Bearbeitungen, Übersetzungen, Mikroverfilmungen, Auswertungen durch Datenbanken und für die Einspeicherung und Verarbeitung in elektronische Systeme. Alle Rechte, auch die des auszugsweisen Nachdrucks, der fotomechanischen Wiedergabe (einschließlich Mikrokopie) sowie der Auswertung durch Datenbanken oder ähnliche Einrichtungen, vorbehalten.

**Impressum:**

Copyright © 2017 GRIN Verlag, Open Publishing GmbH
Druck und Bindung: Books on Demand GmbH, Norderstedt Germany
ISBN: 9783668489318

**Dieses Buch bei GRIN:**

http://www.grin.com/de/e-book/370288/korrelationsanalyse-zu-marktwert-buch-verhaeltnis-marktkapitalisierung

Philipp Hohmann

# Korrelationsanalyse zu Marktwert-Buch-Verhältnis, Marktkapitalisierung und der Performance von Aktien. Gibt es eine signifikante Korrelation?

GRIN Verlag

**GRIN - Your knowledge has value**

Der GRIN Verlag publiziert seit 1998 wissenschaftliche Arbeiten von Studenten, Hochschullehrern und anderen Akademikern als eBook und gedrucktes Buch. Die Verlagswebsite www.grin.com ist die ideale Plattform zur Veröffentlichung von Hausarbeiten, Abschlussarbeiten, wissenschaftlichen Aufsätzen, Dissertationen und Fachbüchern.

**Besuchen Sie uns im Internet:**

http://www.grin.com/

http://www.facebook.com/grincom

http://www.twitter.com/grin_com

# Transfer-Dokumentation-Report
# Wissenschaft & Methoden

### Philipp Hohmann

Bachelor of Arts

Jahrgang 2016 I

Datum der Fertigstellung:      13.06.2017

**Einleitung**

Der Autor arbeitet in seiner Tätigkeit im Portfoliomanagement einer Kirchenbank. Dort ist er für den Aufbau eines quantitativen Aktienselektionsmodells verantwortlich. Das Modell soll Bausteine des Fama-French-Dreifaktormodells[1], das Marktwert-Buch-Verhältnis und die Marktkapitalisierung, enthalten. Bevor die beiden Faktoren integriert werden, soll der theoretische Zusammenhang einer negativen Korrelation mit der Aktienkursentwicklung mit Hilfe realer Datenwerte bewiesen werden. Daher wird nachfolgend überprüft, ob eine Korrelation zwischen dem Marktwert-Buch-Verhältnis und der Performance von Aktien sowie zwischen der Marktkapitalisierung und der Performance von Aktien auf Jahresendwertbasis vorhanden ist und inwieweit diese signifikant ist. Dafür wird zunächst das Theoriemodell erläutert und die Arbeitshypothesen (erwartete Ergebnisse) abgeleitet. Anschließend bereitet der Autor Zeitreihen auf. Darauf aufbauend führt er Korrelationsanalysen durch und ermittelt die jeweiligen Korrelationskoeffizienten nach Bravais-Pearson. Abschließend testet der Autor die Ergebnisse seiner Korrelationsanalysen mit Hilfe eines Hypothesentests auf Signifikanz und schließt mit einem Fazit ab.

**Fama-French-Dreifaktormodell**

William F. Sharpe, John Lintner und Jan Mossin haben in den 1960er Jahren unabhängig voneinander mit einem Ein-Faktor-Modell, dem sog. Capital Asset Pricing Modell (CAPM), einen Ansatz zur Erklärung von (Aktien-)Renditen geliefert. Nach ihnen ist die zu erwartende Rendite $E[R_i]$ eines Wertpapiers die Summe aus der risikolosen Rendite $R_f$ und der Beta-adjustierten Differenz zwischen erwarteter Marktrendite $E[R_M]$ und der risikolosen Rendite $R_f$.[2]

$$E[R_i] = R_f + \beta_i(E[R_M] - R_f)$$

Eugene Fama und Kenneth French erweiterten das CAPM in den 1990er Jahren durch die bereits benannten zwei Faktoren, Marktkapitalisierung und Marktwert-Buch-Verhältnis, zum sog. Fama-French-Dreifaktormodell.[3] In ihm erklärt sich die (Portfolio-)Rendite für eine Periode $R_{i,t}$ wie folgt[4]:

$$R_{i,t} = R_f + \beta_{i,M}R_{M,t} + s_i * SMB + h_i * HML$$

---

[1] Vgl. Matthias Hanauer, Christoph Kaserer und Marc Steffen Rapp 2011: Risikofaktoren und Multifaktormodelle für den deutschen Aktienmarkt, Working Paper 01-2011, S. 3.
[2] Vgl. Matthias Hanauer, Christoph Kaserer und Marc Steffen Rapp 2011: Risikofaktoren und Multifaktormodelle für den deutschen Aktienmarkt, Working Paper 01-2011, S. 3.
[3] Vgl. Fama und French 1996: Multifactor Explplanations of Asset Pricing Anomalies, S. 55 ff..
[4] Vgl. Enzo Mondello 2015: Aktienbewertung – Theorie und Anwendungsbeispiele, S. 106.

Neben der risikofreien Rendite und der risikoadjustierten Differenz zwischen Gesamtmarktrendite und risikofreier Rendite $\beta_{i,M} R_{M,t}$ berücksichtigt das Modell, dass Aktien mit (i) einer geringen Marktkapitalisierung $SMB$ und (ii) einem niedrigen Marktwert-Buch-Verhältnis $HML$ historisch betrachtet besser als der Gesamtmarkt abschneiden. Die beiden Eigenschaften werden mit den zugehörigen Koeffizienten $s_i$ und $h_i$ adjustiert. Die Koeffizienten werden mit Hilfe einer linearen Regression geschätzt.[5]

Ein niedriges Marktwert-Buch-Verhältnis drückt aus, dass die Vermögensgegenstände eines Unternehmens größer sind als die Wiederbeschaffungskosten des Gesamtunternehmens.[6] Dementsprechend wird eine negative Korrelation zwischen beiden Datenreihen erwartet. Ein niedriges Marktwert-Buch-Verhältnis sollte im darauffolgenden Jahr zu einer positiven Performance führen. Kleine Unternehmen haben im Vergleich zu größeren Unternehmen signifikant höhere (risiko-adjustierte) Renditen.[7] Es wird deshalb auch für die Korrelation zwischen Marktkapitalisierung und Performance eine negative Korrelation erwartet.

**Korrelationsanalyse**

Die Überprüfung der negativen Korrelationen der ausgewählten Faktoren des Fama-French-Dreifaktormodells soll exemplarisch am Beispiel des S&P 500 Index[8] überprüft werden. Dafür wurden zunächst die notwendigen Daten erhoben.

| Jahr[9] | Performance[10] | Marktwert-Buch-Verhältnis[11] | Marktkapitalisierung[12] |
|---------|-----------------|-------------------------------|--------------------------|
| 2001    | -13,04%         | 4,03                          | 11,64                    |
| 2002    | -23,37%         | 3,44                          | 10,41                    |
| 2003    | 26,38%          | 2,78                          | 8,00                     |
| 2004    | 8,99%           | 3,11                          | 10,16                    |
| 2005    | 3,00%           | 2,91                          | 11,17                    |
| 2006    | 13,62%          | 2,73                          | 11,53                    |
| 2007    | 3,53%           | 2,83                          | 13,02                    |
| 2008    | -38,49%         | 2,77                          | 13,19                    |
| 2009    | 23,45%          | 2,00                          | 8,13                     |

[5] Vgl. Hanauer, Kaserer, Rapp 2013: Risikofaktoren und Multifaktormodelle für den deutschen Aktienmarkt, S. 4.
[6] Vgl. James Tobin 1969: Journal of Money, Credit and Banking, A General Equilibrium Approach To Monetary Theory, S. 15.
[7] Vgl. Rolf W. Banz 1981: The relationship between return and market value of common stocks, S. 16.
[8] Datenquelle: Bloomberg, Abrufdatum 20.05.2017, Bloomberg-Ticker: SPX Index.
[9] Es handelt sich bei der Performance um die Jahresendwerte und bei dem Marktwert-Buch-Verhältnis und der Marktkapitalisierung um Vorjahresendwerte.
[10] Datenquelle: Bloomberg, Abrufdatum 20.05.2017, eigene Berechnung (Bloomberg-Feld: PX_LAST).
[11] Datenquelle: Bloomberg, Abrufdatum 20.05.2017, Bloomberg-Feld: PX_TO_BOOK_RATIO.
[12] Datenquelle: Bloomberg, Abrufdatum 20.05.2017, Bloomberg-Feld: CUR_MKT_CAP.

| 2010 | 12,78% | 2,15 | 10,29 |
|------|--------|------|-------|
| 2011 | 0,00% | 2,17 | 11,70 |
| 2012 | 13,41% | 2,05 | 11,66 |
| 2013 | 29,60% | 2,14 | 13,16 |
| 2014 | 11,39% | 2,58 | 17,05 |
| 2015 | -0,73% | 2,82 | 18,85 |
| 2016 | 9,54% | 2,77 | 18,61 |

TABELLE 1 - ABTRAG DER PERFORMANCE DES DARAUFFOLGENDEN JAHRES, DES MARKTWERT-BUCH-VERHÄLTNISSES UND DER MARKTKAPITALISIERUNG ZUM JAHRESANFANG FÜR DEN S&P 500 INDEX NACH JAHREN

Zur Untersuchung der Arbeitshypothese wird mit der Formel

$$r_{x,i} = \frac{\sum_{i=1}^{n} x_i y_i - \frac{1}{n}(\sum_{i=1}^{n} x_i)(\sum_{i=1}^{n} y_i)}{\sqrt{(\sum_{i=1}^{n} x_i^2 - \frac{1}{n}(\sum_{i=1}^{n} x_i)^2)(\sum_{i=1}^{n} y_i^2 - \frac{1}{n}(\sum_{i=1}^{n} y_i)^2)}}$$

zunächst der Korrelationskoeffizient nach Bravais und Pearson für beide Faktoren berechnet.[13] Aus Gründen der Übersichtlichkeit werden die benötigten Summen für die Formel mit Hilfe einer Arbeitstabelle berechnet. Dafür werden zusätzlich drei Hilfsspalten erstellt. Zur Berechnung der einzusetzenden Werte sind abschließend die Summen der einzelnen Spalten zu bilden.

| Jahr[14] | Perf.[15] | MBV[16] | $Perf.^2$ | $MBV^2$ | $Perf. * MBV$ |
|----------|-----------|---------|-----------|---------|---------------|
| 2001 | -13,04% | 4,03 | 1,70% | 16,20 | -0,53 |
| 2002 | -23,37% | 3,44 | 5,46% | 11,83 | -0,80 |
| 2003 | 26,38% | 2,78 | 6,96% | 7,71 | 0,73 |
| 2004 | 8,99% | 3,11 | 0,81% | 9,67 | 0,28 |
| 2005 | 3,00% | 2,91 | 0,09% | 8,45 | 0,09 |
| 2006 | 13,62% | 2,73 | 1,85% | 7,43 | 0,37 |
| 2007 | 3,53% | 2,83 | 0,12% | 8,03 | 0,10 |
| 2008 | -38,49% | 2,77 | 14,81% | 7,66 | -1,07 |
| 2009 | 23,45% | 2,00 | 5,50% | 3,99 | 0,47 |
| 2010 | 12,78% | 2,15 | 1,63% | 4,64 | 0,28 |
| 2011 | 0,00% | 2,17 | 0,00% | 4,73 | 0,00 |
| 2012 | 13,41% | 2,05 | 1,80% | 4,19 | 0,27 |
| 2013 | 29,60% | 2,14 | 8,76% | 4,57 | 0,63 |
| 2014 | 11,39% | 2,58 | 1,30% | 6,65 | 0,29 |

---

[13] Vgl. Kosfeld, Eckey, Türck 2016: Deskriptive Statistik (6. Auflage), S. 210 ff..
[14] Es handelt sich bei der Performance um die Jahresendwerte und bei dem Marktwert-Buch-Verhältnis um Vorjahresendwerte.
[15] Performance, eigene Berechnung auf Basis von Bloombergkursen (Indizes: SPX Index, Feld: PX_LAST).
[16] Marktwert-Buch-Verhältnis, Bloombergabfrage (Indizes: SPX Index, Feld: PX_TO_BOOK_RATIO).

| 2015 | -0,73% | 2,82 | 0,01% | 7,97 | -0,02 |
| 2016 | 9,54% | 2,77 | 0,91% | 7,68 | 0,26 |
| $\sum$ | 0,80 | 43,27 | 0,52 | 121,38 | 1,36 |

**TABELLE 2 – ARBEITSTABELLE ZUR BERECHNUNG DER SUMMEN FÜR DIE BERECHNUNG DES KORRELATIONSKOEFFIZIENTEN ZWISCHEN PERFORMANCE UND KURS-BUCHWERT-VERHÄLTNIS**

Anschließend werden die Summen in die angeführte Formel eingesetzt.

$$r_{x_1,y_1} = \frac{1,36 - \frac{1}{16} * 0,80 * 43,27}{\sqrt{(0,52 - \frac{1}{16} * 0,80^2)(121,38 - \frac{1}{16} * 43,27^2)}}$$

$$= -0,56$$

Zur Berechnung des Korrelationskoeffizienten zwischen der Performance und der Marktkapitalisierung wird aus der Datenerhebung eine zweite Arbeitstabelle abgeleitet.

| Jahr[17] | $Perf.$[18] | $MCap$[19] | $Perf.^2$ | $MCap^2$ | $Perf. * MCap$ |
|---|---|---|---|---|---|
| 2001 | -13,04% | 11,64 | 1,70% | 135,60 | -1,52 |
| 2002 | -23,37% | 10,41 | 5,46% | 108,36 | -2,43 |
| 2003 | 26,38% | 8,00 | 6,96% | 64,00 | 2,11 |
| 2004 | 8,99% | 10,16 | 0,81% | 103,21 | 0,91 |
| 2005 | 3,00% | 11,17 | 0,09% | 124,76 | 0,34 |
| 2006 | 13,62% | 11,53 | 1,85% | 133,03 | 1,57 |
| 2007 | 3,53% | 13,02 | 0,12% | 169,51 | 0,46 |
| 2008 | -38,49% | 13,19 | 14,81% | 174,11 | -5,08 |
| 2009 | 23,45% | 8,13 | 5,50% | 66,09 | 1,91 |
| 2010 | 12,78% | 10,29 | 1,63% | 105,82 | 1,31 |
| 2011 | 0,00% | 11,70 | 0,00% | 136,82 | 0,00 |
| 2012 | 13,41% | 11,66 | 1,80% | 135,98 | 1,56 |
| 2013 | 29,60% | 13,16 | 8,76% | 173,31 | 3,90 |
| 2014 | 11,39% | 17,05 | 1,30% | 290,79 | 1,94 |
| 2015 | -0,73% | 18,85 | 0,01% | 355,19 | -0,14 |
| 2016 | 9,54% | 18,61 | 0,91% | 346,31 | 1,77 |
| $\sum$ | 0,80 | 198,58 | 0,52 | 2.622,88 | 8,62 |

**TABELLE 3 – ARBEITSTABELLE ZUR BERECHNUNG DER SUMMEN ZUR BERECHNUNG DES KORRELATIONSKOEFFIZIENTEN ZWISCHEN PERFORMANCE UND MARKTKAPITALISIERUNG**

Durch einsetzen in die angeführte Formel ergibt sich:

---

[17] Es handelt sich bei der Performance um die Jahresendwerte und bei der Marktkapitalisierung um Vorjahresendwerte.
[18] Performance, eigene Berechnung auf Basis von Bloombergkursen (Indizes: SPX Index, Feld: PX_LAST).
[19] Marktkapitalisierung in Billionen USD, Bloombergabfrage (Indizes: SPX Index, Feld: CUR_MKT_CAP).

$$r_{x_1, y_2} = \frac{8,62 - \frac{1}{16} * 0,80 * 198,58}{\sqrt{(0,52 - \frac{1}{16} * 0,80^2)(2.622,88 - \frac{1}{16} * 198,58^2)}}$$

$$= -0,15$$

Damit ergeben sich für die Korrelationskoeffizienten zusammengefasst folgende Ergebnisse:

|  | Perf. - KBV | Perf. - MCap |
|---|---|---|
| **Korrelationskoeffizient** | -0,52 | -0,15 |
| **Fazit** | negativ | leicht negativ |

TABELLE 4 – ÜBERSICHT DER BERECHNETEN KORRELATIONSKOEFFIZIENTEN

Folglich kann der aus der Theorie abgeleitete negative Zusammenhang auch anhand der realen Daten nachgewiesen werden. Zur Überprüfung der Signifikanz der Ergebnisse werden im folgenden Hypothesentests durchgeführt.

## Hypothesentest

Zur Überprüfung der Ergebnisse der Korrelationsanalyse werden die zwei Ergebnisse nun mit Hilfe von Hypothesentests überprüft. Dabei wird wie folgt vorgegangen:

1) Formulierung von Hypothesen
2) Ermittlung der Werte der Teststatistik
3) Ermittlung der kritischen Bereiche
4) Entscheidung

Zunächst wird für beide Fälle eine Hypothese $H_0$ und eine Hypothese $H_A$ formuliert. Im Rahmen der Hypothesentests wird versucht, die Hypothese $H_0$ zu widerlegen. Daher wird als Hypothese $H_0$ angenommen, dass das Marktwert-Buch-Verhältnis und die Marktkapitalisierung nicht signifikant (linear) negativ mit der Performance korreliert sind.

|  | Perf. – KBV | Perf. - MCap |
|---|---|---|
| **Hypothese $H_0$** | $p \geq 0$ | $p \geq 0$ |
| **Hypothese $H_A$** | $p < 0$ | $p < 0$ |
| **Fragestellung** | einseitig | einseitig |

TABELLE 5 – ÜBERSICHT DER AUFGESTELLTEN HYPOTHESEN $H_0$ UND $H_1$

Anschließend wird der Wert der Teststatistik mit der Formel

$$t = \frac{r_{x,y}}{\sqrt{1 - r_{x,y}{}^2}} * \sqrt{n - 2}$$

ermittelt. Daraus resultiert für $r_{Performance,Marktwert-Buch-Verhältnis}$:

$$t_{Performance,Marktwert-Buch-Verhältnis} = \frac{-0,52}{\sqrt{1 - (-0,52)^2}} * \sqrt{16 - 2}$$

$$= -2,28$$

Für $r_{Performance,Marktkapitalisierung}$ resultiert:

$$t_{Performance,Marktkapitalisierung} = \frac{-0,15}{\sqrt{1 - (-0,15)^2}} * \sqrt{16 - 2}$$

$$= -0,57$$

Um mit Hilfe der ermittelten t-Werte eine Beurteilung der aufgestellten Hypothesen durchzuführen, sind anschließend die kritischen Bereiche zu bestimmen.

Der kritische Bereich für die verwendeten einseitigen Fragestellungen ist als

$$K_1 = (-\infty; -t_{n-2;1-\alpha})$$

definiert. $H_0$ ist abzulehnen, wenn $t \in K$. Bei $t \notin K$ ist $H_0$ anzunehmen.

Vor der Ermittlung der kritischen Bereiche ist abschließend ein Signifikanzniveau $\alpha$ zu definieren. Fama und French haben gezeigt, dass die Rendite von Aktien durch mehrere Faktoren erklärt werden kann.[20] Daher erscheint ein zu hohes Signifikanzniveau nicht zielführend. Daher soll hier $\alpha = 0,05$ sein. Die resultierende Sicherheit des Hypothesentests beträgt damit $1 - \alpha = 0,95$.

Für die Korrelation zwischen Performance und Marktwert-Buch-Verhältnis $(r_{x_1,y_1})$ ergibt sich ein kritischer Bereich von $K_1 = (-\infty, -1,7613)$.[21] Selbiger kritischer Bereich gilt für die Beurteilung der Hypothese zur Korrelation zwischen Performance und Marktkapitalisierung $(r_{x_1,y_2})$.

Abschließend ist mit Hilfe der berechneten Werte der Teststatistiken zu überprüfen, ob die jeweilige Nullhypothese anzunehmen oder abzulehnen ist. Die Entscheidungsfindung wird tabellarisch abgetragen.

| | $r_{Performance,Marktwert-Buch-Verhältnis}$ | $r_{Perf.,Marktkapitalisierung}$ |
|---|---|---|
| **Hypothese $H_0$** | $p \geq 0$ | $p \geq 0$ |
| **Hypothese $H_A$** | $p < 0$ | $p < 0$ |
| **Fragestellung** | einseitig | einseitig |
| $\alpha$ | 0,01 | 0,01 |

---

[20] Vgl. Fama und French 1996: Multifactor Explplanations of Asset Pricing Anomalies, S. 55 ff..
[21] Die Quantile der t-Verteilung befinden sich im Anhang.

| t-Wert | -2,28 | -0,57 |
|--------|-------|-------|
| **Krit. Bereich** | $(-\infty, -1,7613)$ | $(-\infty, -1,7613)$ |
| **Entscheidung** | $t \in K$ | $t \notin K$ |
| $H_0$ | ablehnen | annehmen |
| $H_A$ | annehmen | ablehnen |

TABELLE 6 – HYPOTHESENÜBERPRÜFUNG AUF BASIS DER BERECHNETEN WERTE

**Fazit**

Im Fall der Korrelation zwischen Performance und Marktwert-Buch-Verhältnis lässt sich auf Basis des vorliegenden Datenmaterials auf einen systematischen, negativen linearen Zusammenhang schließen. Für die Korrelation zwischen Performance und Marktkapitalisierung ergibt sich aus den Daten zwar ein leicht negativer Zusammenhang, dieser ist jedoch auf Basis des untersuchten Konfidenzniveaus nicht signifikant.

Hierfür kann es mehrere Gründe geben. Fama und French erklären in ihrem Drei-Faktor-Modell die Rendite von Aktien mit Hilfe einer Gleichung, die beide untersuchten Faktoren beinhaltet.[22] Dies könnte ein Erklärungsansatz für die Ergebnisse bei der (isolierten) Korrelation zwischen Performance und Marktkapitalisierung sein. Darüber hinaus beschreibt der Korrelationskoeffizient nach Bravais und Pearson nur einen linearen Zusammenhang. Gegebenenfalls besteht zwischen beiden Zeitreihen in der Realität ein nichtlinearer Zusammenhang.

Ergänzend ist zu erwähnen, dass die gewählte Stichprobe (n = 16) sehr klein ist. Die Aussagekraft steigt mit der Größe der Stichprobe.[23] Darüber hinaus können Ergebnisse in Hypothesentests fälschlich interpretiert werden. Ist ein Ergebnis im Hypothesentest nicht signifikant geworden, bedeutet dies nicht mit Sicherheit, dass wirklich kein Effekt vorhanden ist.[24]

Um die Ergebnisse zu verbessern, könnte man zudem z.B. eine sog. Power-Analyse durchführen.[25]

Auf Basis der ermittelten Daten implementiert der Autor zunächst nur das Marktwert-Buch-Verhältnis in sein quantitatives Aktienselektionsmodell. Vor der Implementierung der Marktkapitalisierung als Scoring-Faktor sind zunächst weitere Untersuchungen notwendig.

---

[22] Vgl. Fama und French 1996: Multifactor Explplanations of Asset Pricing Anomalies, S. 55 ff..
[23] Vgl. Albers, Klapper, Konradt, Walter, Wolf 2009: Methodik der empirischen Forschung (3. Auflage), S. 215.
[24] Vgl. Albers, Klapper, Konradt, Walter, Wolf 2009: Methodik der empirischen Forschung (3. Auflage), S. 213.
[25] Vgl. Bortz 2005: Statistik für Human- und Sozialwissenschaftler, S. 119 ff.. Für mehr Informationen zu den angeführten Verfahren kann die Quelle ebenfalls herangezogen werden.

## Anhang

**Quantile der $t$-Verteilung:**

| | p | | | | | | | | |
|---|---|---|---|---|---|---|---|---|---|
| FG | 0.9000 | 0.9250 | 0.9500 | 0.9750 | 0.9900 | 0.9925 | 0.9950 | 0.9975 | 0.9990 |
| 1 | 3.0777 | 4.1653 | 6.3137 | 12.7062 | 31.8210 | 42.4334 | 63.6559 | 127.3211 | 318.2888 |
| 2 | 1.8856 | 2.2819 | 2.9200 | 4.3027 | 6.9645 | 8.0728 | 9.9250 | 14.0892 | 22.3285 |
| 3 | 1.6377 | 1.9243 | 2.3534 | 3.1824 | 4.5407 | 5.0473 | 5.8408 | 7.4532 | 10.2143 |
| 4 | 1.5332 | 1.7782 | 2.1318 | 2.7765 | 3.7469 | 4.0880 | 4.6041 | 5.5975 | 7.1729 |
| 5 | 1.4759 | 1.6994 | 2.0150 | 2.5706 | 3.3649 | 3.6338 | 4.0321 | 4.7733 | 5.8935 |
| 6 | 1.4398 | 1.6502 | 1.9432 | 2.4469 | 3.1427 | 3.3723 | 3.7074 | 4.3168 | 5.2075 |
| 7 | 1.4149 | 1.6166 | 1.8946 | 2.3646 | 2.9979 | 3.2031 | 3.4995 | 4.0294 | 4.7853 |
| 8 | 1.3968 | 1.5922 | 1.8595 | 2.3060 | 2.8965 | 3.0851 | 3.3554 | 3.8325 | 4.5008 |
| 9 | 1.3830 | 1.5737 | 1.8331 | 2.2622 | 2.8214 | 2.9982 | 3.2498 | 3.6896 | 4.2969 |
| 10 | 1.3722 | 1.5592 | 1.8125 | 2.2281 | 2.7638 | 2.9316 | 3.1693 | 3.5814 | 4.1437 |
| 11 | 1.3634 | 1.5476 | 1.7959 | 2.2010 | 2.7181 | 2.8789 | 3.1058 | 3.4966 | 4.0248 |
| 12 | 1.3562 | 1.5380 | 1.7823 | 2.1788 | 2.6810 | 2.8363 | 3.0545 | 3.4284 | 3.9296 |
| 13 | 1.3502 | 1.5299 | 1.7709 | 2.1604 | 2.6503 | 2.8010 | 3.0123 | 3.3725 | 3.8520 |
| 14 | 1.3450 | 1.5231 | 1.7613 | 2.1448 | 2.6245 | 2.7714 | 2.9768 | 3.3257 | 3.7874 |
| 15 | 1.3406 | 1.5172 | 1.7531 | 2.1315 | 2.6025 | 2.7462 | 2.9467 | 3.2860 | 3.7329 |
| 16 | 1.3368 | 1.5121 | 1.7459 | 2.1199 | 2.5835 | 2.7245 | 2.9208 | 3.2520 | 3.6861 |
| 17 | 1.3334 | 1.5077 | 1.7396 | 2.1098 | 2.5669 | 2.7056 | 2.8982 | 3.2224 | 3.6458 |
| 18 | 1.3304 | 1.5037 | 1.7341 | 2.1009 | 2.5524 | 2.6889 | 2.8784 | 3.1966 | 3.6105 |
| 19 | 1.3277 | 1.5002 | 1.7291 | 2.0930 | 2.5395 | 2.6742 | 2.8609 | 3.1737 | 3.5793 |
| 20 | 1.3253 | 1.4970 | 1.7247 | 2.0860 | 2.5280 | 2.6611 | 2.8453 | 3.1534 | 3.5518 |
| 21 | 1.3232 | 1.4942 | 1.7207 | 2.0796 | 2.5176 | 2.6493 | 2.8314 | 3.1352 | 3.5271 |
| 22 | 1.3212 | 1.4916 | 1.7171 | 2.0739 | 2.5083 | 2.6387 | 2.8188 | 3.1188 | 3.5050 |
| 23 | 1.3195 | 1.4893 | 1.7139 | 2.0687 | 2.4999 | 2.6290 | 2.8073 | 3.1040 | 3.4850 |
| 24 | 1.3178 | 1.4871 | 1.7109 | 2.0639 | 2.4922 | 2.6203 | 2.7970 | 3.0905 | 3.4668 |
| 25 | 1.3163 | 1.4852 | 1.7081 | 2.0595 | 2.4851 | 2.6123 | 2.7874 | 3.0782 | 3.4502 |
| 26 | 1.3150 | 1.4834 | 1.7056 | 2.0555 | 2.4786 | 2.6049 | 2.7787 | 3.0669 | 3.4350 |
| 27 | 1.3137 | 1.4817 | 1.7033 | 2.0518 | 2.4727 | 2.5981 | 2.7707 | 3.0565 | 3.4210 |
| 28 | 1.3125 | 1.4801 | 1.7011 | 2.0484 | 2.4671 | 2.5918 | 2.7633 | 3.0470 | 3.4082 |
| 29 | 1.3114 | 1.4787 | 1.6991 | 2.0452 | 2.4620 | 2.5860 | 2.7564 | 3.0380 | 3.3963 |
| 30 | 1.3104 | 1.4774 | 1.6973 | 2.0423 | 2.4573 | 2.5806 | 2.7500 | 3.0298 | 3.3852 |
| 35 | 1.3062 | 1.4718 | 1.6896 | 2.0301 | 2.4377 | 2.5584 | 2.7238 | 2.9961 | 3.3400 |
| 40 | 1.3031 | 1.4677 | 1.6839 | 2.0211 | 2.4233 | 2.5420 | 2.7045 | 2.9712 | 3.3069 |
| 45 | 1.3007 | 1.4645 | 1.6794 | 2.0141 | 2.4121 | 2.5294 | 2.6896 | 2.9521 | 3.2815 |
| 50 | 1.2987 | 1.4620 | 1.6759 | 2.0086 | 2.4033 | 2.5193 | 2.6778 | 2.9370 | 3.2614 |
| 55 | 1.2971 | 1.4599 | 1.6730 | 2.0040 | 2.3961 | 2.5112 | 2.6682 | 2.9247 | 3.2451 |
| 60 | 1.2958 | 1.4582 | 1.6706 | 2.0003 | 2.3901 | 2.5044 | 2.6603 | 2.9146 | 3.2317 |
| 65 | 1.2947 | 1.4567 | 1.6686 | 1.9971 | 2.3851 | 2.4987 | 2.6536 | 2.9060 | 3.2204 |
| 70 | 1.2938 | 1.4555 | 1.6669 | 1.9944 | 2.3808 | 2.4939 | 2.6479 | 2.8987 | 3.2108 |
| 75 | 1.2929 | 1.4544 | 1.6654 | 1.9921 | 2.3771 | 2.4897 | 2.6430 | 2.8924 | 3.2024 |
| 80 | 1.2922 | 1.4535 | 1.6641 | 1.9901 | 2.3739 | 2.4860 | 2.6387 | 2.8870 | 3.1952 |
| 85 | 1.2916 | 1.4527 | 1.6630 | 1.9883 | 2.3710 | 2.4828 | 2.6349 | 2.8822 | 3.1889 |
| 90 | 1.2910 | 1.4519 | 1.6620 | 1.9867 | 2.3685 | 2.4800 | 2.6316 | 2.8779 | 3.1832 |
| 95 | 1.2905 | 1.4513 | 1.6611 | 1.9852 | 2.3662 | 2.4774 | 2.6286 | 2.8741 | 3.1783 |
| 100 | 1.2901 | 1.4507 | 1.6602 | 1.9840 | 2.3642 | 2.4751 | 2.6259 | 2.8707 | 3.1738 |
| 150 | 1.2872 | 1.4469 | 1.6551 | 1.9759 | 2.3515 | 2.4607 | 2.6090 | 2.8492 | 3.1455 |
| 200 | 1.2858 | 1.4451 | 1.6525 | 1.9719 | 2.3451 | 2.4536 | 2.6006 | 2.8385 | 3.1315 |
| 250 | 1.2849 | 1.4440 | 1.6510 | 1.9695 | 2.3414 | 2.4493 | 2.5956 | 2.8322 | 3.1231 |
| 300 | 1.2844 | 1.4432 | 1.6499 | 1.9679 | 2.3388 | 2.4465 | 2.5923 | 2.8279 | 3.1176 |

# BEI GRIN MACHT SICH IHR WISSEN BEZAHLT

- Wir veröffentlichen Ihre Hausarbeit, Bachelor- und Masterarbeit

- Ihr eigenes eBook und Buch - weltweit in allen wichtigen Shops

- Verdienen Sie an jedem Verkauf

## Jetzt bei www.GRIN.com hochladen und kostenlos publizieren